KARL MARX

La lucha de clases y la crítica del modelo capitalista

Por Gabriel Verboomen

En colaboración con Brigitte Feys

Traducido por Marta Sánchez Hidalgo

Economía y empresa

en50MINUTOS.es

LAS CLAVES PARA EL ÉXITO

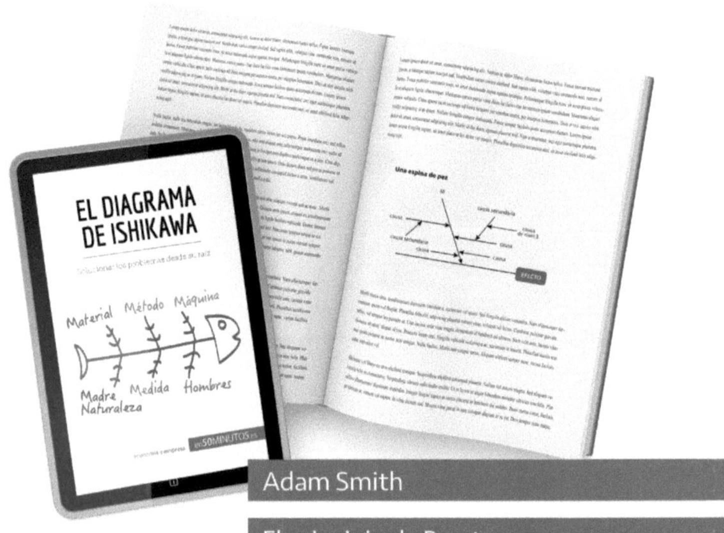

Adam Smith

El principio de Pareto

El estrés laboral

La pirámide de Maslow

www.en50minutos.es

KARL MARX

FICHA DE IDENTIDAD

- **¿Nacimiento?** El 5 de mayo de 1818 en Tréveris (Prusia)
- **¿Muerte?** El 14 de marzo de 1883 en Londres
- **¿Contexto y corriente?**
  - Desde un punto de vista filosófico, Karl Marx se acerca durante una época a las ideas de Georg Wilhelm Friedrich Hegel (filósofo alemán, 1770-1831), que domina el pensamiento alemán del periodo, antes de alejarse de ellas por completo.
  - Para conceptualizar sus ideas políticas, Marx se inspira sobre todo en el socialismo francés: por ejemplo, Charles Fourier (1772-1837) y Claude Henri de Rouvroy, conde de Saint-Simon (1760-1825), contemplan una sociedad humana dirigida por los eruditos y los artistas, cuyo modo de vida es por naturaleza comunitario y armonioso.
  - Desde un punto de vista económico, Karl Marx prolonga y matiza el pensamiento de David Ricardo (economista británico clásico, 1772-1823), cuya contribución más reconocida en economía política es su teoría de la relación entre la remuneración del trabajo y el valor de la producción.
- **¿Obras principales?**
  - Marx, Karl y Friedrich Engels.1844-1845. *La sagrada familia (Die heilige Familie)*.
  - Marx, Karl y Friedrich Engels. 1846. *La ideología alemana (Die deutsche Ideologie)*.
  - Marx, Karl. 1847. *La miseria de la filosofía (Das Elend der*

Philosophie).

- ◦ Marx, Karl y Friedrich Engels.1848. *Manifiesto del partido comunista (Manifest der Kommunistischen Partei).*
- ◦ Marx, Karl. 1867. *El capital. Crítica de la economía política (Das Kapital. Kritik der politischen Ökonomie),* libro primero.

- **¿Palabras clave?**
  - ◦ <u>Alienación</u>: el hombre se pierde a sí mismo. El fruto de su trabajo no le pertenece, el esfuerzo que produce no lo define en la medida que el trabajador no produce nada con sus propias manos, sino que es una ínfima parte de un trabajo en cadena.
  - ◦ <u>Capitalismo</u>: según Karl Marx, el capitalismo es un sistema político, social y económico que busca continuamente la plusvalía. Los capitalistas, que poseen los medios de producción, financian a las empresas y contratan a los trabajadores, son los que actúan para el aumento sistemático de la plusvalía del capital inicial.
  - ◦ <u>Comunismo</u>: sistema político y social que propone una puesta en común de los bienes materiales y de los medios de producción.
  - ◦ <u>Materialismo histórico</u>: concepto según el que el hombre mantiene una relación dialéctica con su entorno, es decir, es el producto natural de éste y lo modifica en la medida de sus posibilidades a través de su trabajo. Así la historia es el fruto de luchas entre las clases sociales sometidas a las realidades de los modos de producción.
  - ◦ <u>Liberalismo</u>: doctrina económica que sitúa la libertad de acción y de pensamiento en el centro de las reflexiones del individuo, lo que lo empuja al bien del

interés general.

- ◦ <u>Lucha de clases</u>: relación de oposición entre una parte de la población unida por un deseo de lucha frente a otra clase. Marx insiste principalmente en dos clases: la burguesía capitalista «ociosa» y la masa proletaria «trabajadora» por necesidad. El poder está en manos de los capitalistas que imponen su punto de vista a los proletarios y, con ayuda de ideas transmitidas por la religión cristiana, les prometen principalmente un mejor futuro en el más allá.
- ◦ <u>Ganancia</u>: parte del valor añadido, pero que no se le restituye al trabajador que la ha producido, sino que el capitalista, que posee todos los medios de producción, la conserva.

INTRODUCCIÓN

Si la primera mitad del siglo XIX está marcada en economía por la escuela clásica, que se apoya en el liberalismo, con teóricos como David Ricardo o Adam Smith (economista escocés, 1723-1790), la segunda mitad ve cómo se desarrolla un pensamiento materialista que denuncia los defectos del capitalismo moderno emergente, pensamiento apoyado principalmente por Karl Marx y Friedrich Engels (filósofo y teórico alemán del socialismo, 1820-1895).

¿SABÍAS QUE…? LA REVOLUCIÓN INDUSTRIAL Y LA EMERGENCIA DEL CAPITALISMO MODERNO

El siglo XIX se caracteriza en Europa por la «Revolución industrial». La sociedad, alterada por la repentina aparición de nuevas tecnologías, sufre los consecuentes cambios entre los que están el paso de la fabricación artesanal a una producción industrial a gran escala. La industrialización constituye un escenario perfecto para el desarrollo del capitalismo moderno, ya que la propiedad privada de los medios de producción (de personas que no trabajan con estas herramientas) sólo puede emerger en una estructura lo suficientemente grande para no ser artesanal.

En semejante contexto de desarrollo, las diferencias entre clases sociales aumentan. A medida que el número y la importancia de los burgueses capitalistas aumenta, las ideas revolucionarias, por oposición, se multiplican en el seno de los círculos trabajadores. De esta forma, cada vez es más evidente para pensadores como Karl Marx que la actividad política y económica no la puede administrar una élite privada sin generar muchas desigualdades. Marx va a proponer su propia crítica de la economía política del momento – burguesa y capitalista – y va a desarrollar el concepto de materialismo dialéctico e histórico.

Para Karl Marx, la Revolución Industrial tomó una mala dirección. Según él, nada se opondría a que las ganancias que ocasionó volvieran a toda la comunidad, que las podría utilizar para su propio desarrollo.

SU VIDA

BIOGRAFÍA

Originario de una familia numerosa protestante, aunque históricamente judía, Karl Marx empieza su formación universitaria en derecho en Bonn. Como se interesa de la misma forma por la historia y la filosofía, decide profundizar en estas materias, además del derecho, en la universidad de Berlín donde integra el círculo de los «hegelianos de izquierda» o «jóvenes hegelianos». Primero se acerca a la filosofía de Hegel y luego la critica. Finalmente, con la esperanza de obtener una cátedra universitaria, Karl Marx prepara una tesis doctoral de filosofía.

Su marcado interés por la economía –se rebela rápidamente contra los engranajes del capitalismo– y por el socialismo francés (conde de Saint-Simon, Charles Fourier) lo empujan a empezar su reflexión materialista del mundo y a unirse al movimiento socialista y comunista alemán. Cabe destacar que participa en las actividades revolucionarias de las organizaciones obreras en Europa.

Como su definida posición filosófica le impedía realizar cualquier otra carrera universitaria, Karl Marx entra en 1842 en la redacción de la *Gaceta Renana (Rheinanische Zeitung)*, un periódico liberal de Colonia del que será redactor jefe. A partir del año siguiente, año en que se casa con Jenny von Westphalen (1814-1881), hija de un alto funcionario prusiano, prohibieron la actividad de la *Gaceta*.

Se dedica a desarrollar su reflexión sobre el funcionamiento político y económico. En París en 1844, Karl Marx conoce a Friedrich Engels, con el que comparte sus ideas, y funda los *Anales franco-alemanes* donde publica «Crítica de la Filosofía del Derecho de Hegel». A la definición de Estado de Georg Wilhelm Friedrich Hegel, que éste considera la realización de la razón, Karl Marx opone la suya que subraya que un Estado resulta de una relación de fuerzas. En esta época también define los conceptos de alienación y de materialismo histórico. En 1848 publica con Friedrich Engels el *Manifiesto del partido comunista*, que se termina con la conocida frase «¡Proletarios de todos los países, uníos!».

Tras la Revolución francesa de 1848, regresa a París y luego a Colonia donde funda la *Nueva Gaceta Renana (Neue Rheinanische Zeitung)*. De nuevo exiliado en 1849, se instala en Inglaterra donde vive en una pobreza extrema.

Su obra maestra, que es más una crítica de la economía política que un tratado de economía propiamente dicho, la publicará mucho más tarde. Así, El primer libro del *Capital (Das Kapital)* aparece en 1867, mientras que los bocetos de los dos tomos siguientes se publicarán cuando Friedrich Engels los finaliza en 1885 y 1894, mucho después de la muerte del autor revolucionario (1883).

El conjunto de las corrientes de pensamiento inspiradas en los trabajos de Karl Marx se conoce con el nombre de «marxismo». Como se codea cada vez con más frecuencia con socialistas en sus últimos años de vida, Marx marca las reflexiones del socialismo europeo del siglo XX, principalmente con relación a la reorganización social, política y económica de muchos países. Numerosos movimiento revolucionarios se identifican con su pensamiento (por ejemplo, la Revolución Rusa de 1917).

SUS CONTEMPORÁNEOS

Las teorías que dominan la economía política, a las que Marx se opone rotundamente, son las de los economistas de renombre Adam Smith y David Ricardo:

- Adam Smith, muy influenciado por los empiristas ingleses, autor de la *Riqueza de las naciones* (1776) y fundador de la escuela clásica de economía política, está convencido de que no es necesario ningún control de la economía, que la búsqueda individual de la riqueza conduce a la situación más deseable para el conjunto de la población;
- por su lado, David Ricardo propone una teoría de la producción por la que distingue demasiado, según Karl Marx, la influencia del capital de la del trabajo, mientras que el capital es para él un exceso de trabajo «robado» al trabajador. Además, David Ricardo desarrolla una teoría de las ventajas comparativas que valida de forma relativamente inmediata a las ideas posteriores de Frederick Winslow Taylor (ingeniero americano, 1856-1915) sobre la organización científica del trabajo, que preconiza que sólo hay un *one best way* (una única forma correcta de llevar a cabo eficazmente un trabajo definido), ideas profundamente alienantes según Karl Marx. La división del trabajo de Frederick Winslow Taylor y el trabajo en cadena de Henry Ford (1863-1947) aplican este principio a escala de empresa.

En la línea de estas dos celebridades, muchos son los economistas de la época que profundizan y quieren perfeccionar el concepto del capitalismo. Por ejemplo:

- Gustave de Molinari (economista belga, 1819-1912) se interesa en las condiciones del buen funcionamiento del capitalismo, y en particular al papel de la información en los mercados (sobre todo del mercado de trabajo: un trabajador tiene interés en disponer de información sobre la oferta y la demanda de empleo en su sector para negociar mejor sus prestaciones);
- Joseph Clément Juglar (médico y economista francés, 1819-1905) subraya los aspectos cíclicos de la economía, dejando mal las hipótesis de crecimiento propias del capitalismo;
- Para John Elliott Cairnes (economista irlandés, 1823-1875), la economía política eligió de entrada un ángulo de análisis basado en el punto de vista del capitalismo, que considera el trabajo como un coste, mientras que los salarios deberían ser un fin en sí mismo en una perspectiva

social de la economía;

- William Stanley Jevons (lógico y economista británico, 1835-1882) señala una paradoja en la economía capitalista basada en el crecimiento. Si, por ejemplo, el bien común quiere que no se exploten excesivamente ciertas fuentes para permitirles renovarse, la persecución de los intereses particulares hará que continuemos explotándolas a falta de una autoridad reguladora;
- En cuanto a John Maynard Keynes (economista británico, 1883-1949), vuelve a centrar la economía en la demanda, oponiéndose así al trabajo de Karl Marx. Antes de él, la producción era el centro de todas las preocupaciones. Sin embargo, en su opinión, si el patrón capitalista produce, también tiene que poder vender para enriquecerse. Y para vender, el proletariado tiene que poder comprar. La economía se convierte en un ciclo donde cuenta el bienestar de todos los agentes.

Respecto a Friedrich Engels, milita de forma activa al lado de Karl Marx e incluso lo seguirá en su exilio en Bélgica. Firma una buena parte de las publicaciones de Marx con él, entre las que se encuentran el *Manifiesto del partido comunista* y *La ideología alemana*. Además, Engels publicará los libros II y III del *Capital* basándose en las notas póstumas de su amigo.

¿SABÍAS QUE...?

Cabe añadir que, aparte de sus contemporáneos, muchos autores se han dedicado –incluso hoy en día– a hacer actual la obra de Karl Marx. Por ejemplo, sociólogos franceses de los que hablaremos más adelante:

- Henry Mendras (1927-2003) que, en base a un análisis de estratificación de la sociedad, propone una «visión cosmográfica» de la misma;
- Pierre Bourdieu (1930-2002) que rechaza las oposiciones científicas tradicionales (por ejemplo: teoría/empirismo).

SU OBRA: UNA APORTACIÓN CONSIDERABLE A LA ECONOMÍA

EL HOMBRE: EL CENTRO DE LAS REFLEXIONES DE KARL MARX

Karl Marx es originalmente un historiador de filosofía. Sus primeras obras acotan en cierta forma el contexto general del que surgirá progresivamente su teoría de la economía política.

Mientras que los pensadores alemanes de la época son principalmente idealistas y se identifican con el pensamiento hegeliano, Karl Marx, sin oponerse en este sentido al filósofo, se posiciona como un materialista y propone su tesis de «materialismo histórico» que presenta en La ideología alemana. Karl Marx explota la dialéctica de Hegel de la forma más radical posible, desarrollando la teoría del materialismo histórico. Expone que el hombre es a su vez el producto y el productor de su entorno ya que nuestro entorno (y principalmente nuestro entorno económico) determina quien somos, pero que, a través de nuestro trabajo individual, tenemos el poder de transformar la naturaleza que nos rodea y que este poder constituye una parte esencial de nuestra identidad.

Vinculado al célebre filósofo alemán Friedrich Nietzsche (1844-1900) y al fundador del psicoanálisis, Sigmund Freud (1856-1939), Karl Marx forma parte de los que llamamos en la época los «pensadores de la sospecha»: los tres cuestionan los valores de su época señalando que no tienen nada de natural. Para Karl Marx, los valores son los que los dominantes imponen a los dominados, asimismo la lucha de clases es más engañosa que una simple lucha armada. Los burgueses imponen a los proletarios su propia teoría del bien y del mal, recurriendo en especial a la religión. Se entiende que esta teoría sirve para el interés de los burgueses capitalistas, que someten mejor a la masas trabajadoras. El mensaje transmitido por la Iglesia es en pocas palabras: «Trabaja y sufre por el prójimo en esta vida, serás generosamente recompensado en la siguiente». Para Karl Marx, la historia evoluciona espontáneamente hacia la desaparición de un orden social basado en una ideología tan alienante que vuelve al individuo ajeno a su propia existencia.

El Manifiesto del partido comunista es la traducción política de este materialismo histórico. No se trata únicamente de una teoría abstracta (lo que sería el colmo para un materialista), sino de una concepción basada en la visión del humano que se construye a través de los movimientos sociales (la familia, las relaciones jerárquicas, etc.) y políticos efectivos y ya en marcha. Karl Marx insiste en la noción de «condición humana», que varía en función de la época. Ahí agrupa las ideas de los activistas sociales radicales.

El capital es la obra más coherente de Karl Marx, la que resulta más rica desde el punto de vista económico. Hemos visto al Karl Marx historiador, filósofo, sociólogo y político. Ahora nos interesaremos por sus teorías económicas que apoyan la revolución del proletariado. Los dos conceptos clave desarrollados por Karl Marx son la plusvalía y la acumulación.

EL VALOR

El siglo XIX y los orígenes de la economía política están marcados por un debate primordial sobre las razones y el origen del valor de las cosas. ¿Cómo determinar el valor de las cosas? Tomemos un bien cualquiera, por ejemplo el pan, para ilustrar esta problemática. Para empezar, se oponen dos concepciones del valor: el valor utilidad y el valor-trabajo.

El valor utilidad

El precio del pan se fija en función de su utilidad:

- si el pan es el único alimento del mercado y la cantidad disponible no supera el mínimo vital, su valor es incalculable. De hecho, si no hay suficiente pan para alimentar a todo el mundo, los precios subirán muy rápido de forma que las personas deberán gastar su dinero para sobrevivir;
- si ahora la producción (oferta) aumenta y supera el mínimo vital, el valor del pan disminuirá en función del deseo de cada uno de consumir pan. Si el individuo está satisfecho, ¿cuánto estaría dispuesto a pagar para comer más pan? En este caso, cada uno reaccionará de forma distinta según sus propios gustos. Por otro lado, aunque comer sea una necesidad vital, el precio del pan es y permanece único ya que el panadero no puede saber si su cliente está hambriento o no. Y si mantiene los precios como si la producción no hubiera aumentado, el panadero se quedará con un stock de panes bajo el brazo.

Puede que al panadero le interese mantener los precios elevados antes que producir más, teniendo así una ganancia colosal del producto vital que nos vende. Pero en este caso, esta ganancia atraería a una gran competencia y haría que el volumen de la producción fuera incontrolable. De alguna forma, la ganancia se autodestruye. En otras palabras, el valor de un bien dependería de la cantidad disponible de este bien (la oferta) y de la intensidad con la que la gente quiere, de media, adquirirlo (la demanda).

Valor-trabajo

Tanto para Karl Marx como para David Ricardo, lo que hace el valor de un bien es el trabajo, o más bien, el número de horas de trabajo necesarias para producirlo. Si necesitamos el doble de horas de trabajo para fabricar un kilo de mantequilla que para hacer un pan, el kilo de mantequilla costará el doble que el pan, sea cual sea la utilidad que los consumidores den al pan o a la mantequilla. Una hora de trabajo (medido en tiempo) vale lo mismo, ya se sea panadero, lechero, ganadero o carpintero.

No obstante, el panadero de formación no es necesariamente tan eficaz como un lechero para producir mantequilla.

- Para David Ricardo, a la sociedad le interesa que cada uno produzca aquello en lo que sea más eficaz, es decir, el bien que le «cuesta» menos tiempo y, por ello, menos unidades del otro bien. De esta forma maximizamos la producción total, que se vuelve a compartir a través del intercambio. Este razonamiento llevado al extremo conduce a una división total del trabajo. La producción será mejor si cada uno realiza una única tarea eficazmente. Si soy eficiente en moler grano, me dedicaré a moler grano.

Si otro es eficiente en amasar, se dedicará a amasar. No será más panadero que yo, sino que juntos formaremos una panadería.

- Para Karl Marx, esta concepción del trabajo es alienante puesto que el individuo ya no puede definirse por su trabajo, por su forma de manipulación de la naturaleza. Ya no soy panadero, no soy más que un triturador de grano, un amasador, un hornero o un vendedor, etc.

EL PRECIO Y EL REPARTO DEL VALOR

En este caso, ¿a qué precio vender y cómo repartir el valor?

Cuando el precio del mercado es superior al valor de trabajo, existe, según Karl Marx, una perversión del sistema debido a la propiedad privada de los medios de producción. El patrón capitalista retiene una tasa usurera del fruto del trabajo del proletario y el capital se constituye a partir de este trabajo «robado». Además, el usufructo siempre permite más ganancias: el patrón capitalista siempre genera más dinero sin trabajar, simplemente con dinero. Es la ley de la acumulación del capital.

De esta forma, el fruto del trabajo del obrero escapa a éste y la acumulación del capital fortalece la estructura de la sociedad organizada en clases opuestas unas de otras. Según Marx, en este conflicto el burgués capitalista está claramente por encima: no sólo expolia al trabajador, sino que además le consigue hacer creer por medio de la religión que se trata del orden natural de las cosas. La burguesía somete al proletariado un sistema de valores que obliga al trabajador a la abnegación dócil.

¿SABÍAS QUE...? EJEMPLO DE CREACIÓN DE LOS PRECIOS SEGÚN EL VALOR-TRABAJO

En la siguiente tabla, el individuo A necesita una hora para producir un pan y dos para producir un kilo de mantequilla. Si A produce un pan, cuesta medio kilo de mantequilla. Mientras que si B produce un pan, cuesta 2/5 de kilo de mantequilla. Entonces, aunque A sea más eficaz en las dos producciones, comparativamente es menos eficaz en la producción de pan. A va a dedicarse a producir mantequilla y B a producir pan. Y como B necesita el mismo tiempo en producir un pan que A en producir un kilo de mantequilla, el kilo de mantequilla costará un pan.

Creación de los precios según el valor-trabajo

	A	B
Pan	1 hora	2 horas
Mantequilla	2 horas	5 horas

LA BAJA TENDENCIAL DE LA TASA DE GANANCIA

Ya hemos señalado que lo que hace el valor de un bien es el tiempo de trabajo que se le dedica. En esta perspectiva, los avances de la tecnología funcionan de forma particular:

- por un lado, reducen el tiempo de trabajo necesario para producir un bien, reduciendo así su precio;
- por otro lado, causarán inversiones más importantes para los capitalistas que verán su margen reducirse.

En su reflexión sobre la creación de los precios, para Karl Marx es imposible que un bien producido de forma más eficaz por máquinas con buen rendimiento se venda al mismo precio que antes de la adquisición de las nuevas máquinas. Lo que hace el precio es el tiempo humano dedicado a la manipulación, nada más. Además, como el obrero sólo recibe el mínimo porcentaje para satisfacer sus necesidades, lo que tiende naturalmente a desaparecer es el margen del patrón capitalista. En otros términos, Karl Marx piensa que el progreso técnico lleva al fin del capitalismo. Este punto será posteriormente un usual tema de controversia. A pesar de las previsiones de Karl Marx, nuestro siglo puede demostrar que el capitalismo está lejos de desaparecer.

LÍMITES DEL PLANTEAMIENTO DE KARL MARX Y EXTENSIONES

LÍMITES Y CRÍTICAS DE SU PLANTEAMIENTO

La noción de valor-tiempo

Como ya hemos mencionado, la noción de valor-trabajo es enormemente problemática. Parte del principio de que el valor del tiempo de trabajo es el mismo para todos, sea cual sea el oficio que se lleva a cabo. Sin embargo, no es el caso ni empírico ni científico, puesto que no todos los trabajos requieren el mismo nivel de calificación. Además: en el mercado del empleo, una hora de trabajo se negocia en función de las necesidades de los empleados, en horas de trabajo más o menos calificadas y en función de la oferta de los empleados potenciales.

Por otro lado, este planteamiento desatiende completamente la utilidad que pueden brindarnos los productos. Cada uno dedica su tiempo a producir lo que produce mejor y no se preocupa ni de la utilidad ni de la demanda del producto en cuestión. De esta forma, aunque después de haber producido unos cuantos panes resulte que ya nadie quiere consumir más, el panadero seguirá produciéndolos: sin embargo, los precios no bajarán puesto que la unidad de valor es el tiempo de trabajo del panadero.

Los teóricos comunistas han intentado evitar este problema con la planificación económica. Así, no habrá derroche de las materias primarias si el panadero produce el número exacto de panes que el planificador ha considerado útil producir. También podemos evitar el derroche de la mano de obra volviéndole a asignar al panadero el empleo en el que es más productivo aparte de su actividad principal.

La producción eficaz

Es menos eficaz que el liberalismo matizado de los clásicos, con la condición de que este funcione según las teorías de Adam Smith. Para éste, lo mejor para el conjunto de la sociedad es dejar a cada uno escoger lo que va a producir, la cantidad que va a producir y el precio al que lo quiera vender.

Como es natural, si hay suficiente competencia, los precios tenderán a armonizarse. La producción total no podrá superar el consumo so pena de hacer bajar los precios de venta por debajo del coste de fabricación. Los trabajadores se encaminarán solos hacia una actividad útil y rentable. Es la famosa teoría de la mano invisible, la que conduce hacia el bien social sin necesidad de ser formulada.

¿SABÍAS QUE...? LA MANO INVISIBLE

La teoría de la mano invisible es una teoría de Adam Smith según la que, con las condiciones de una competencia perfecta, los intereses individuales, además de generar beneficios a escala humana, contribuirían naturalmente al bienestar y al equilibrio de la colectividad.

En este caso, la repartición es óptima según los criterios de Karl Marx, puesto que la competencia impide las ganancias. La idea de Adam Smith es atraer a los productores hacia actividades potencialmente beneficiosas sin que nadie consiga realmente ganancias puesto que si hay ganancias, habrá nuevas llegadas al mercado y se acentuará la competencia. Sin embargo, si la competencia es suficiente, los precios de venta recaerán al nivel de los gastos de producción, es decir, de los salarios de los trabajadores.

Por ello, el modelo de Adam Smith puede parecer más eficaz, puesto que se administra a sí mismo. No hay necesidad de dedicar tiempo y energía a planificar y a controlar la producción, y todos los medios disponibles pueden dedicarse a la producción. Sin embargo, el modelo plantea problemas. En efecto, es raro que la hipótesis de la competencia perfecta que lo sostiene se verifique empíricamente.

¿Sabías que...? Las condiciones de eficacia del capitalismo liberal – La competencia perfecta

- Cada productor es de talla media y su producción no afecta a los precios. A pesar de que decida limitar su producción, no habrá apenas diferencias en el mercado y los precios no aumentarán.
- Cada consumidor será perfectamente informado de los precios del conjunto de los competidores.
- Cada consumidor puede cambiar de productor con facilidad sin que esto sea para él un coste de dinero o de tiempo.

- Cada trabajador es perfectamente movible y está dispuesto a trabajar donde la demanda lo haga necesario.
- Todos los productores tienen el mismo acceso a los medios de financiación.

Si se cumplen estas condiciones:

- la producción será la que tiene que ser;
- los precios cubrirán los costes de producción (donde encontramos los salarios) y no habrá ganancia.

La baja tendencial de la tasa de ganancia

Muchos economistas contemporáneos han criticado la teoría de la baja tendencial de la tasa de ganancia, consecuencia de la percepción del valor como trabajo, contradicha por la realidad de la industria. Para Karl Marx, los patrones capitalistas van ellos mismos a renunciar a su apariencia de actividad cuando el avance técnico haya vuelto las inversiones necesarias demasiado importantes. Según él, la producción está cada vez más ávida de capital así que, con salarios constantes, el capitalista ve su margen cada vez más reducido.

Sin embargo, si la competencia no es muy alta y la empresa produce la misma cantidad con menos mano de obra, es posible vender al mismo precio lo que se produce. Por ejemplo, los consumidores no tendrán menos necesidad de pan ni estarán menos dispuestos a pagar el mismo precio para obtenerlo porque una máquina amase más rápido la masa de mi pan. Si consideramos que el valor depende de la utilidad, la baja tendencial de la tasa de ganancia por el progreso técnico no es aceptable.

MODELOS ANÁLOGOS Y EXTENSIONES

Sociología

- **La teoría del espacio social de Pierre Bourdieu.** Pierre Bourdieu plantea una visión de la sociedad muy influenciada por el concepto de la lucha de clases de Karl Marx. Sin embargo, amplia este concepto a otros campos de la actividad humana aparte de la economía. Para él, el capital no es sólo económico, sino también cultural, social y simbólico. Todos Los individuos no disponen de los mismos medios económicos, ni de los mismos accesos a la cultura ni de las mismas redes sociales. Estos capitales siguen una forma de ley de acumulación del capital. La riqueza económica da acceso a la cultura y a las relaciones sociales que dan acceso al capital económico. Este círculo vicioso refuerza las diferencias de la sociedad, traducidas en clases de las que es muy complicado salir.
- **La cosmografía social de Henry Mendras.** El sociólogo francés Henry Mendras desarrolla la teoría según la cual las clases sociales no tienen sentido en la actualidad puesto que la sociedad se presenta bajo la forma de un conjunto de constelaciones. La teoría de esta cosmografía social conceptualiza la hipótesis de que, dado que existen numerosas y constantes interacciones entre los grupos sociales, observamos una «medianización» de la sociedad. De hecho, según Mendras, cuanto más interac-

tuamos y la sociedad se uniforma más en una gigantesca clase media.

Política

Más allá de las repercusiones sociales, las teorías de Karl Marx han tenido una incidencia política considerable. Al formar el partido comunista, se convierte en un hombre político cuyas ideas influyen en el orden social. Intelectual que preconiza claramente una revolución proletaria europea en el *Manifiesto del partido comunista*, anuncia la Revolución Rusa que estallará cerca de 40 años más tarde. Así, Vladimir Ilitch Oulianov, conocido como Lenin (político ruso revolucionario, 1870-1924), se identificará con las ideas de Karl Marx mientras que la revolución abolirá la propiedad privada y prohibirá violentamente la religión, a la que Marx califica como el opio del pueblo.

Más ampliamente, aunque haya predicho que el capitalismo tendría que destruirse a sí mismo, Karl Marx se contradice sensiblemente cuando afirma que una revolución violenta es necesaria para ver la culminación de la lucha de las clases sociales y el triunfo del proletariado.

Economía

No hay duda de que el siglo XX ha sido sobradamente capitalista y de que se han descuidado un poco las ideas de Karl Marx. Sin embargo, las recientes crisis hacen reflexionar a los economistas, entre los cuales algunos predicen de nuevo el final del capitalismo.

Los mercados financieros no son «perfectamente» competitivos. Si lo fueran, el banquero prestaría dinero a una tasa que le permitiera vivir, pero no por acumular dinero. Sin embargo, la competencia es tan desigual en estos mercados que un banco competente financieramente hablando está naturalmente dirigido a crecer siempre más. Por lo tanto, la inversión financiera genera una ganancia extraída de los salarios de los trabajadores.

Sin embargo, según analistas como Paul Jorion (nacido en 1946) esto plantea diferentes tipos de problemas:

- el desequilibrio inicial del sistema sólo puede acentuarse. Dependemos de los que retienen dinero, así que les pagamos más dinero (en forma de intereses o de dividendos);
- hemos podido comprobar que el tamaño de los bancos es tal que cuando uno de ellos falla, el resto pierde dinero y así todos los sectores. Las empresas no pueden financiarse y experimentan dificultades al pagar los salarios de los trabajadores;
- el colmo de los colmos es que las colectividades (es decir, los trabajadores) tienen que refinanciar a los inversores capitalistas para evitar una propagación en cadena de los problemas (lo que llamamos un «riesgo sistemático»);
- la evidente solución al riesgo sistemático es obligar a los bancos a permanecer lo suficientemente pequeños para restablecer una situación competitiva. Pero como las colectividades también deben financiarse, dependen de los bancos a los que han salvado. Y los banqueros evidentemente se oponen a la reducción de sus ganancias.

En resumen, según Paul Jorion, el capitalismo ya no funciona. Si la situación no es de entrada competitiva y no se instaura ningún mecanismo regulador, lo será cada vez menos.

EN RESUMEN

1817	*Principios de economía política y tributación* de David Ricardo
5 de mayo de 1818	Nacimiento
1844	Encuentro con Friedrich Engels
1846	*La ideología alemana*
1848	*Manifiesto del partido comunista*
1867	*El Capital*, libro I
14 de marzo de 1883	Muerte
1885	*El Capital*, libro II
1894	*El Capital*, libro III
Octubre de 1917	Revolución Rusa

- Karl Marx ha contribuido mucho en la evolución del pensamiento económico: antagonista de Adam Smith y comentarista de David Ricardo, se sitúa en los orígenes de la economía política.
- Es historiador, filósofo, sociólogo y economista, estudia la relación del hombre con su entorno, considera la sociedad en su conjunto y le preocupa el devenir de la sociedad.
- Aportaciones:
  - profundiza en la noción de valor que deriva del trabajo, emprendida por David Ricardo y Adam Smith;
  - propone un sistema que reconsidera la equidad del reparto de beneficios;

- propone un sistema en el que el bienestar del trabajador no se evalúa sólo en relación al salario percibido por su trabajo, sino también en relación al desarrollo personal en su trabajo.
- Estas reflexiones tienen varias limitaciones:
  - su sistema, que pide ser constantemente planificado y controlado, es mucho más pesado que el propuesto por Adam Smith.
  - su teoría del valor de los bienes es incompleta, puesto que sólo tiene en cuenta el trabajo producido y no las necesidades de los consumidores. Para Karl Marx, todos los trabajos son equivalentes, poco importa su utilidad.
  - en su percepción del progreso técnico se descubre una idea preconcebida. De hecho piensa que este progreso reduce las ganancias, aunque, en realidad, en una situación igualmente competitiva, las intensifica.
  - Extensiones:
    * políticamente hablando, su teoría de la economía inspiró la Revolución Rusa de 1917;
    * las críticas de Karl Marx al sistema capitalista se constatan parcialmente hoy en día en algunas lecturas contemporáneas sobre las crisis financieras.

¡Tu opinión nos interesa!
¡Deja un comentario en la página web de tu librería en línea,
y comparte tus favoritos en las redes sociales!

PARA IR MÁS ALLÁ

FUENTES BIBLIOGRÁFICAS

- Bonnewitz, Patrice. 2004. *Classes sociales et inégalités*. París: Bréal, colección *Thèmes & débats*.
- Dangeville, Roger. 1967. "Marx et la Russie". *L'Homme et la Société*, n.º 5, 149-164.
- Darmangeat, Christophe. "Karl Marx". *Introduction à l'analyse économique*. Travaux dirigés – dossier n.º 4, Universidad París VII Denis Diderot. Consultado el 2 de junio de 2014. http://www.pise.info/eco/dossiers/dossier4.pdf
- Huisman, Denis y André Vergez. 2010. "Karl Marx". *Histoire des philosophes illustrée par les textes*, 233-242. París: Nathan.
- Jorion, Paul. 2009. *L'Argent. Mode d'emploi*. París: Fayard.
- Marx, Karl, dir. Maximilien Rubel. 2008. *El capital. Volumen I*. Traducido por Joseph Roy. París: Gallimard, colección *Folio Essais*.
- Marx, Karl. 1847. *La miseria de la filosofía*.
- Marx, Karl y Friedrich Engels. 1844-1845. *La Sagrada Familia*.
- Marx Karl y Friedrich Engels. 1846. *La ideología alemana*.
- Marx Karl y Friedrich Engels. 1848. *Manifiesto del partido comunista*.

¡APRENDER NUNCA ANTES FUE TAN RÁPIDO!

www.en50minutos.es

© **en50Minutos.es, 2016. Todos los derechos reservados.**

www.en50Minutos.es

ISBN ebook: 9782806276483

ISBN papel: 9782806290670

Depósito legal: D/2016/12603/828

Libro realizado por Primento*, el socio digital de los editores*